W0346825

Pour Musia

© 2000, l'école des loisirs, Paris
Loi numéro 49956 du 16 juillet 1949
sur les publications destinées
à la jeunesse : mars 2000
Dépôt légal : mars 2002
Imprimé en France par Mame à Tours

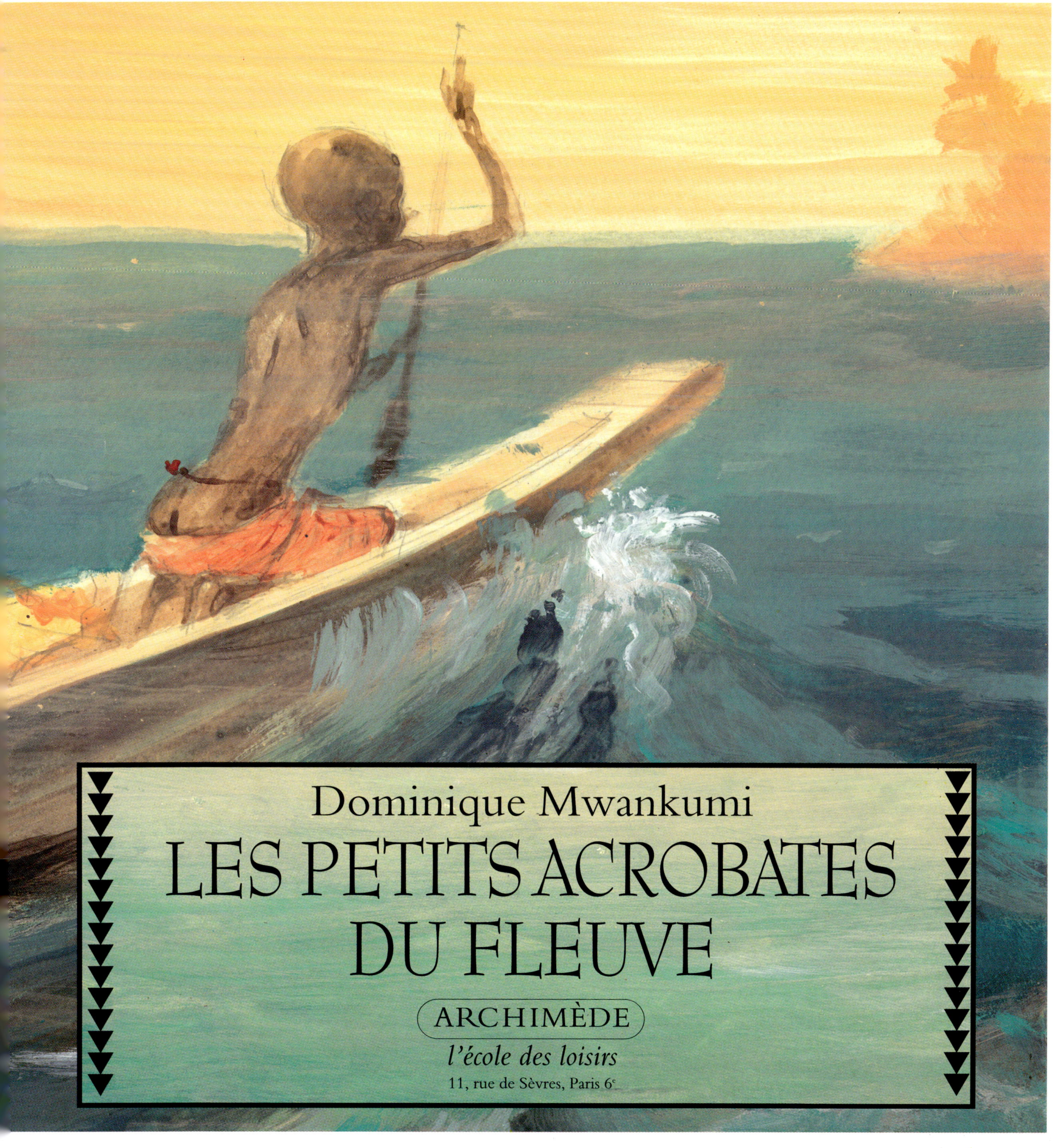

Dominique Mwankumi

LES PETITS ACROBATES DU FLEUVE

ARCHIMÈDE
l'école des loisirs
11, rue de Sèvres, Paris 6e

Dans le village de Sakata,
les enfants jouent autour de l'arbre.
Mais cela ne les empêche pas
de tendre l'oreille, guettant
le moindre bruit provenant
du Congo, le grand fleuve
qui coule non loin de là.
Ils attendent le passage
du bateau.

«Olélé! Voilà le bateau!
Le bateau-courrier arrive!»
Pour Kembo, c'est un grand jour.
Quand le bateau qui transporte
tant de merveilleuses marchandises
ralentira, il s'en approchera
et touchera sa coque.
Et même, il montera à bord.
La manœuvre est risquée,
mais Kembo a pris sa décision:
«Mido, Eloni, venez! Nous devons
être les premiers à accoster!»

Tandis que Mido et Eloni
attrapent les pagaies,
Kembo crie : « Attention !
La pirogue va prendre l'eau,
elle est trouée à l'avant ! »
Kembo bouche le trou
avec un peu d'argile.
« Maintenant on peut y aller.
Ma mère aimerait que je lui
rapporte du savon
et un tee-shirt. »

Les feuilles des nénuphars
frémissent au passage de la pirogue.
Caché sous le chapeau
d'un champignon, un crapaud
va gober un insecte.
Tout est si calme !
Mais soudain le crapaud se cache
et les oiseaux s'envolent
à grand bruit.
Qu'est-ce qui a causé
cette agitation, flanquant
une frousse bleue aux enfants ?
C'est le serpent noir
qui hante le fleuve.
Il vient de filer entre les hautes
herbes.
Kembo entonne alors la chanson
de Sakata, notre village, celle
qui donne du courage.

«Dans le fleuve agité eh ! eh !
Il faut pagayer avec force eh !
Dans le fleuve agité,
il faut pagayer avec force.»
Au loin, d'autres enfants pêcheurs
reprennent le refrain.
Kembo et ses amis remontent
le courant avec un peu plus
d'ardeur.
Bientôt la pirogue quitte
les eaux calmes de la forêt
pour rejoindre le fleuve.
À l'endroit où les deux bras
se rencontrent les flots
bouillonnent, formant
un tourbillon.
Mido et Eloni crient :
«Nous avons peur ! Kembo,
rentrons !»

«Pas question, dit Kembo.
Nous n'abandonnerons pas!»
Un vent violent entraîne
la pirogue.
La panique s'empare des amis
de Kembo.
Mais Kembo sait déjouer les pièges
de l'eau et il dit: «Restez calmes!
Pas d'efforts! Il faut se laisser porter
par le fleuve.»
La pirogue est secouée dans tous
les sens. Et puis, d'un coup,
la voilà sortie du tourbillon.

Kembo et ses amis attendent
impatiemment l'approche
du bateau qui ralentit
mais ne s'arrêtera pas.
Les passagers regardent les enfants,
étonnés.
Certains crient : « Éloignez-vous !
Les remous sont dangereux ! »

À la première vague, la pirogue monte à l'assaut de la crête. Les passagers du bateau restent pantois devant l'adresse de Kembo et de ses amis qui, sûrs de réussir leur exploit, chantent à tue-tête.

De la rive, les parents
suivent le spectacle.
« Oh ! Quelle adresse !
Quels acrobates courageux !
Vont-ils réussir à accoster
le bateau ? Je n'ose pas regarder ! »
Certains parents crient,
manifestant leur crainte.
« Moseka, il ne faut pas avoir peur !
Nos enfants portent leurs gris-gris,
je vois d'ici les rubans rouges ! »

Les garçons ont raté l'accostage.
Le choc contre le flanc du bateau
a été rude, et l'émotion intense
quand les enfants ont entendu
éclater la pièce d'argile
qui bouchait le trou de la pirogue.
Mais Kembo et ses amis ont gardé
leur sang-froid.
« Vite, l'autre pirogue ! » crie
Kembo.

L'autre pirogue appartient
sûrement à un pêcheur déjà monté
à bord du bateau-courrier.
Kembo saute dedans, il prend
une amarre et la lance
vers les mains qui s'agitent
au-dessus de lui.
Soudain la corde se tend.
«J'ai réussi !» s'écrie Kembo,
qui est hissé à bord.
Mais Eloni et Mido ont moins
de chance, leur pirogue se retourne
et les voilà dans l'eau.
Pour eux, c'est raté.

À bord du bateau-courrier,
on se croirait vraiment au marché.
On y vend de tout.
Une chose jaune et noir
brille dans l'ombre.
Est-ce un jouet ?
Kembo s'approche.
La chose à vendre est un boa.
« Nioka ! Nioka ! » (serpent !
serpent !), crie Kembo
rempli d'effroi.
Et il part en courant.

Sous le chapiteau en bois,
ça sent très bon.
Les passagers dégustent des beignets
de manioc que les femmes
ont fait frire dans l'huile de palme.
On troque et on palabre.
Des riverains viennent d'accoster,
ils apportent des poissons
et des bananes plantains.
Mais Kembo ne doit pas s'attarder,
il a des achats à faire.

Kembo se faufile entre
les marchandises.
Il arrive devant un étalage
de conserves, de robes et de pagnes
où enfin il trouve ce qu'il cherche.
En attendant que le savon
et le tee-shirt soient emballés,
Kembo regarde un véhicule
chargé de caisses, au fond
du bateau.
« Ce sont des médicaments
pour un hôpital de la Croix-Rouge,
explique le marchand. Tiens, voici
les commissions pour ta maman ! »

La sirène retentit.
Vite, vite ! Il faut quitter le bateau
qui va reprendre sa vitesse !
Kembo glisse son petit colis
en sûreté dans sa culotte et plouf !
il plonge. Il va nager comme
un poisson pour rejoindre
dans l'eau Eloni et Mido.

Le bateau s'éloigne.
Ballottés par les remous,
les enfants rivalisent d'adresse
afin de se hisser sur leur pirogue
retournée.
Mido et Eloni sont déçus.
Mais c'est juste une occasion
de perdue.
Au prochain passage du bateau-
marché, ils monteront à bord,
comme Kembo.
Cette fois ils y réussiront, c'est sûr.

Postface

L’histoire de Kembo et de ses amis se déroule dans le village de Sakata, en République démocratique du Congo, au bord du fleuve du même nom. Celui-ci est alimenté par de nombreux affluents. Les échanges commerciaux se font lors du passage des bateaux sur le fleuve, mais pendant la saison sèche, la navigation devient plus difficile, gênée par la présence d’îles innombrables et de bancs de sable. Par ailleurs, les riverains vivent de la pêche, de l’élevage des bovins, des cultures du maïs, de l’arachide, du café et du manioc.

Pour les enfants de Sakata, le fleuve est un terrain de jeux.

Les gris-gris en forme de rubans rouges qu’ils portent au poignet ou autour de la taille les protègent contre les esprits des eaux, la sirène, les crocodiles et autres monstres hideux. Aucun danger ne les arrête. Ainsi c’est avec impatience qu’ils guettent le bateau-courrier, celui qui remonte le fleuve vers Kisangani chargé de conserves, de médicaments et d’autres produits de la ville. Ils vont essayer d’en toucher la coque et même de monter à bord. À ce jeu, certains se noient parfois. Mais grâce à leur adresse et à leur courage, la plupart triomphent de cette dangereuse épreuve.